Couverture inférieure manquante

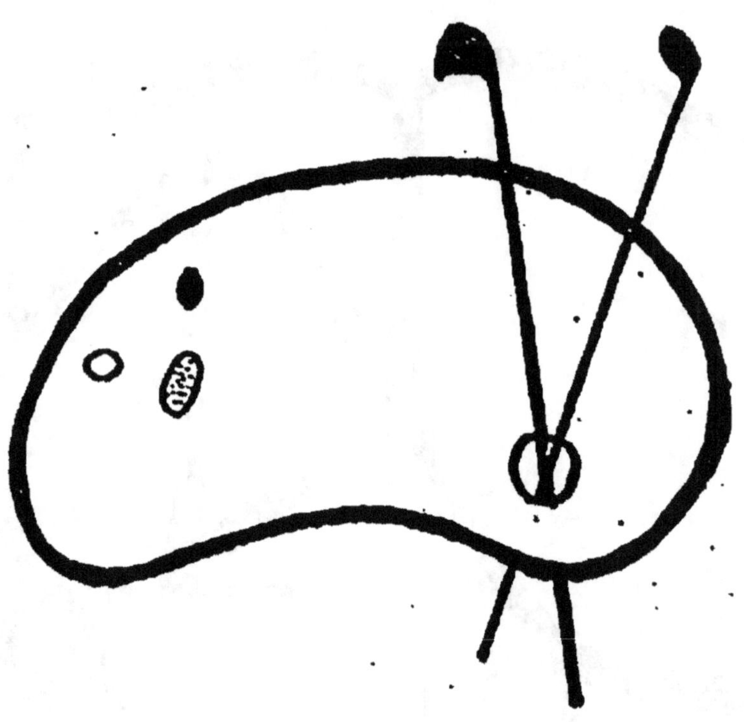

DEBUT D'UNE SERIE DE DOCUMENTS
EN COULEUR

LIGUE DE LA PATRIE FRANÇAISE

CONFÉRENCE

DE

M. Jules LEMAITRE

Président de la Ligue de la Patrie Française

NANCY

1ᵉʳ DÉCEMBRE 1901

Prix : 25 Centimes.

NANCY

A. CRÉPIN-LEBLOND, IMPRIMEUR-ÉDITEUR

21, Rue Saint-Dizier, 21

1902

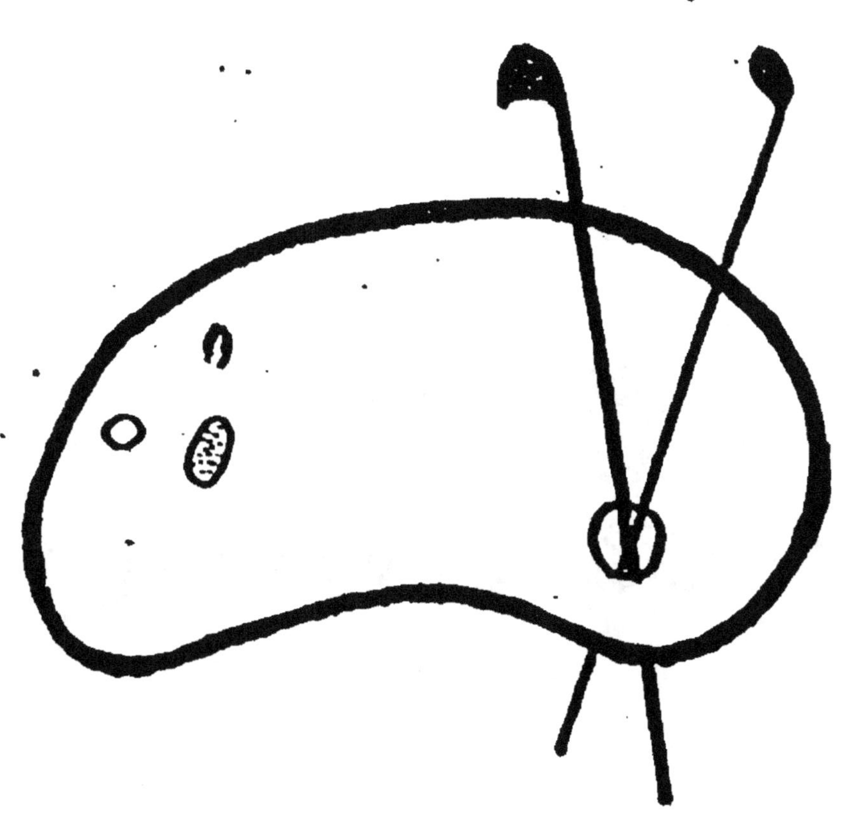

FIN D'UNE SERIE DE DOCUMENTS
EN COULEUR

CONFÉRENCE

DE

M. Jules LEMAITRE

LIGUE DE LA PATRIE FRANÇAISE

CONFÉRENCE

DE

M. Jules LEMAITRE

Président de la Ligue de la Patrie Française

NANCY

1ᵉʳ DÉCEMBRE 1901

Prix : 25 Centimes.

NANCY

A. CRÉPIN-LEBLOND, IMPRIMEUR-ÉDITEUR

21, Rue Saint-Dizier, 21

1902

CONFÉRENCE

FAITE A NANCY, LE 1ᵉʳ DÉCEMBRE 1901

PAR

M. Jules LEMAITRE
Membre de l'Académie Française
Président de la Ligue de la Patrie Française.

M. Godefroy CAVAIGNAC
Député, ancien Ministre de la Guerre.

M. le Général MERCIER
Sénateur, ancien Ministre de la Guerre.

M. Charles BERNARD
Député de la Gironde.

———

La conférence organisée le 1ᵉʳ décembre 1901, à Nancy, par le Comité lorrain de la *Patrie française*, sous la présidence de M. Jules Lemaître, et avec le concours de MM. Cavaignac et le général Mercier, anciens ministres de la Guerre, a eu en

Lorraine et dans le reste du pays un grand et légitime retentissement.

Dès le 30 novembre, M. le général Mercier avait réuni en un banquet intime les membres du Comité lorrain, plusieurs notabilités nancéiennes et les hôtes parisiens de la Lorraine : banquet très intime, puisque tout discours et tout toast en avaient été par avance bannis.

Le matin du 1er décembre, des manifestations sympathiques amenaient de nombreux concitoyens devant le Grand-Hôtel, où les conférenciers étaient descendus. Le plus grand calme se joignait aux sentiments du plus pur patriotisme.

Après un déjeuner offert par M. Jules Lemaître au Comité de Nancy et aux délégués de Lunéville, Epinal, Saint-Dié, Commercy, Bar-le-Duc et Luxeuil, le président de la *Patrie française*, le général Mercier, M. Cavaignac et leurs amis se sont rendus à la salle Victor Poirel, où avait lieu la conférence.

L'élégant amphithéâtre est absolument comble. On remarque dans l'assistance un très grand nombre de notabilités nancéiennes et des dames.

L'arrivée des conférenciers est saluée par de vifs applaudissements et par des cris de « Vive l'armée ! Vive la Patrie ! » lancés dans une acclamation unanime par l'auditoire qui est tout entier debout en ce moment émotionnant.

Sur l'estrade prennent place, aux côtés de MM. Jules Lemaître, Cavaignac et Mercier, MM. Dausset, président du Conseil municipal de Paris ; Syveton, trésorier général de la Ligue ; Gustave Mercier et Beauchet, président et vice-président du Comité lorrain ; Bouttier, président de la Ligue antisémite ; Charles Bernard, député de la Gironde ; Brice et Gervaize, députés de Meurthe-et-Moselle ; Ferrette, député de la Meuse ; Grosjean, Coutant, Delsol, Copin - Albancelli, délégués du Comité central, Baheux et Goguel, président et vice - président du Comité de Saint-Dié ; les membres des Comités de Nancy et Saint-Dié ; des conseillers généraux de Meurthe-et-Moselle et des départements voisins ; des conseillers municipaux de Nancy et de nombreuses notabilités de la région.

Lorsque M. Jules Lemaître se lève, un indescriptible enthousiasme s'empare de l'auditoire et une longue ovation le salue. Ce vibrant élan s'est répété plusieurs fois pendant le cours et à la fin de son magnifique discours.

Discours de M. Jules LEMAITRE

Messieurs,

Je sais où je suis et devant qui je parle. Je connais le caractère sérieux, passionné sans inutile éclat, de votre élégante et noble ville. On se sent ici plus Français, à cause d'un tragique voisinage. Il me semble qu'ici, plus qu'ailleurs, la parole de votre Ligue a chance d'être bien accueillie. Je parlerai donc avec confiance, et sans autre préambule.

I

A mesure que le ministère Millerand-Rousseau accumule les injustices et les hontes, une question se pose aux esprits honnêtes et réfléchis : Sommes-nous en République ?

Jamais on n'a fait de ce mot un usage plus intempérant. Les Français passent leur vie à se dire républicains, à craindre de ne pas le paraître assez, à s'accuser mutuellement de ne pas l'être.

En réalité, nous employons d'autant plus le mot de République que nous avons moins la chose.

Qu'est-ce que la République (j'entends la République démocratique) ?

— C'est le gouvernement du peuple par le peuple, au moyen de représentants élus par lui ; le gouvernement de tous par tous et, conséquemment, au profit de tous, car nul n'est ennemi de soi-même. Il s'ensuit que la République, si elle existait, serait le gouvernement qui assurerait à tous et à chacun le maximum de justice, de liberté, de sécurité, de bien-être.

Cela posé, sommes-nous en République?

On peut dire qu'il s'en faut de quelques petites choses. Vous connaissez la légende de Forain: « Qu'elle était belle sous l'Empire » ! Et vous savez ce qu'elle est aujourd'hui : l'affreuse Marianne juive, la mégère mafflue, repue, cynique, aux doigts crochus, au visage de bassesse et aux yeux de ruse.

Ainsi, outre leurs autres crimes, nous reprochons à nos tyrans le meurtre de nos illusions. Nous ne sommes pas seulement des citoyens indignés : nous sommes tous, plus ou moins, des rêveurs navrés par la souillure de leurs plus beaux rêves.

Nous avons tant cru à la République, qu'on nous promettait ! J'y ai cru, pour ma part, avec tant de ferveur et d'ingénuité ! Comme presque tous les adolescents de la fin de l'Empire, j'ai été nourri de la lecture des *Châtiments* et j'ai salué la République comme une aurore. Je me rappelle mes indignations et mes fièvres pendant la période du 16 mai, et plus tard, je l'avoue, ma résistance au boulangisme; tant ma foi était tenace ! Et je suis sûr que vous avez presque tous des souvenirs pareils aux miens.

Ah ! nos espoirs sont trébuchés de haut !

Nous avions cru que la République, c'était la justice: et nous avons vu, après le scandale de 70 arrestations arbitraires, le tribunal des caïmans condamner deux citoyens pour des faits absous par le Jury, c'est-à-dire par le peuple ; nous avons vu trop souvent une magistrature déshonorée rendre des sentences par ordre, et nous voyons le garde des sceaux faire servir les balances augustes de la justice à peser des alcools frelatés.

Nous avions cru que la République, c'était la liberté : et nous avons vu le gouvernement dit républicain dénier à des catégories entières de citoyens les droits les plus naturels à l'homme, et ne toucher aux associations que pour leur appliquer un régime infiniment plus restrictif que le pacte de tolérance consenti par les monarchies et, pendant trente ans, par la République elle-même. Nous avons vu dans toutes les administrations le régime de la délation la plus lâche et de la faveur la plus éhontée, et enfin le plus bas espionnage publiquement érigé en moyen de gouvernement par le morne planteur au visage de bois.

Nous avions cru que la République, c'était l'honnêteté, c'était la vertu : et nous avons vu la plus longue et la plus ignoble série de brigandages financiers et parlementaires que l'histoire ait peut-être jamais enregistrée.

Nous avions cru que la République, c'était, tout au moins le contrôle. Et un jour nous avons appris que l'exercice financier de chaque année n'était soumis à l'approbation de la Chambre qu'au bout dé dix ans en moyenne (ce qui rend tout contrôle illusoire), et que, par exemple, les dépenses non créditées se sont élevées d'après le président Boulanger, pour la période 1890 à 1900 à 35,130,750 francs.

Nous avions cru que la République, c'était le souci fraternel des intérêts du plus grand nombre. Et la nôtre, en trente ans, n'a pas su faire cette caisse des retraites que l'empereur d'Allemagne a créée dès la première année de son règne. Elle s'est efforcée d'étrangler l'admirable mutualité libre des « Prévoyants de l'Avenir » ; et, lorsqu'elle a introduit dans la loi des successions, le principe de l'impôt progessif, après avoir frappé les fortunes de moins d'un million, c'est-à-dire les fortunes modestes et moyennes, les fortunes dues au travail, elle s'est arrêtée, saisie de respect, devant le deuxième million.

Nous avions cru que les anciens régimes monarchiques, c'était la prodigalité et le gaspillage, et que la République c'était l'économie, la bonne gestion des deniers du peuple ; et les impôts sont toujours allés croissant, — sans être, d'ailleurs, plus équitablement répartis ; — et nous avons, avec une dette de trente-cinq milliards, un budget de trois milliards et demi qui s'augmente chaque année de soixante-dix millions ; et le déficit sur les rentrées prévues s'élèvera cette année à plus de deux cents millions ; et, si nous continuons de ce train, c'est la banqueroute à brève échéance.

Nous avions cru, comme nos pères de 1792, que la République, c'était le patriotisme ; qu'un bon républicain doit aimer sa patrie et la vouloir forte, au milieu de l'Europe monarchique, pour le maintien, la propagation et le triomphe des idées généreuses, et qu'il n'y a pas de patrie forte sans une armée puissante. Et nous « jouissons » d'un gouvernement qui a pour alliés les internationalistes et les choisit à l'occasion, pour candidats officiels ; et tous les jours des criminels ou des égarés excitent impunément nos petits soldats à la révolte contre leurs chefs et semblent aspirer à faire d'eux des soldats prussiens ; et nous avons un ministre de la guerre si étrange que ceux qui crient : « Vive André » sont les mêmes qui crient : « A bas l'armée ».

Nous avions cru que la République, c'était la dignité nationale, c'était la continuation du rôle magnifique et bienfaisant de la France à travers le monde : et, malgré les milliards consacrés à notre armée et à notre flotte, nous nous sommes résignés à la honte de Fachoda, nous avons laissé massacrer trois cent mille Arméniens, et nous n'avons pas même le courage d'intervenir pacifiquement en faveur des héroïques Boers.

Bref, ce que nous avons, ce n'est pas la République, c'est l'oppression de plus de la moitié des Français par moins de la moitié. Ce n'est pas la République, c'est une oligarchie intolérante et avide, qui exploite la France et la met en coupe réglée. Et ce que les régimes monarchiques ont su quelquefois assurer au pays, l'ordre dans les finances, la sécurité, et, par suite, la prospérité des affaires, nous ne l'avons même pas.

Ainsi, nos pères ont cru, lutté, travaillé, souffert ; ils ont fait la Révolution de 89 ; ils ont fait, depuis, deux autres Révolutions ; ils ont donné toute leur foi, tout leur dévouement, toute leur âme à l'idée républicaine ; et cela, pour aboutir à quoi ? A la perte de nos libertés, à la ruine de la France, à la plus ignominieuse et à la plus malfaisante des tyrannies, au césarisme hypocrite du ministère Millerand-Rousseau...

Donc, Messieurs, la république n'existe pas. Ce n'est qu'une étiquette qui recouvre la plus avariée des marchandises. Et alors une autre question se pose : *Comment réaliser la République ?*

II

Nous n'avons pas le choix des moyens. Je n'en vois que deux : 1° Propager les idées qui sont insé-

parables de la notion même de république, et
2° Faire que ces idées soient représentées par la
majorité de la Chambre future.

Ce seront les deux points de la seconde partie de
ce discours.

Notre programme ne s'attache qu'à l'essentiel.
Il sera très simple ; il faut qu'il soit ainsi pour être
facilement compris et pour rallier le plus grand
nombre possible de bons citoyens.

Nous demandons la liberté d'association, que la
dernière loi sur les associations viole gravement,
et le maintien de ce qui nous reste de la liberté
d'enseignement, laquelle se confond avec la liberté
de conscience. Bref, nous demandons l'application
des principes inscrits dans la « Déclaration des
droits de l'homme ».

C'est surtout pour cela (chose admirable) c'est
parce que nous revendiquons pour les pères de
famille le droit de faire élever leurs enfants comme
ils le jugent bon, et pour tous les citoyens le droit
de s'associer pour observer ensemble telle règle de
vie et telle discipline morale qu'il leur convient,
oui, c'est pour cela que nos tristes adversaires,
sans en croire d'ailleurs un mot, nous jettent à la
tête le stupide reproche de cléricalisme !

Il faudrait pourtant s'entendre sur ce mot.

Le cléricalisme, c'est l'empiétement d'un pouvoir
religieux sur le pouvoir civil, c'est l'intrusion
d'une Eglise dans l'Etat, ce n'est pas autre chose.

Or, je vous prie, est-ce l'Église catholique qui mène le Gouvernement actuel ? Est-ce elle qui prépare et impose les lois ? ou qui dispose pour ses créatures des faveurs, des emplois, des bureaux de tabac, des décorations ? sont-ce les curés à neuf cents francs, surveillés par les maires et les instituteurs, qui oppriment la société civile ?

La tyrannie d'un clergé trop puissant serait assurément insupportable. Mais ce n'est pas cette tyrannie-là, non ce n'est pas celle-là, en vérité, que j'ai aperçue depuis que je regarde autour de moi.

Oui, il y a une Église à laquelle l'État est présentement asservi, une Église fermée, occulte, qui a son *Credo*, ou son *anti credo*, et sa liturgie, ses rites, son Sacré Collège, ses tribunaux ecclésiastiques, une Église de dogmatisme étroit et de discipline serrée, et merveilleusement organisée pour la domination et le butin. Mais cette Église, ce n'est pas notre vieille Église traditionnelle, devenue, je crois, assez débonnaire et prudente. Cette Église, c'est la franc-maçonnerie.

La Franc-Maçonnerie et ses annexes, ce qu'on peut appeler les frères du Tiers-Ordre maçonnique, ont fini par former une sorte de faux « pays légal » qui opprime le vrai pays et qui substitue sa volonté à celle de la nation.

Nous avons aujourd'hui 400 députés ou sénateurs affiliés à la secte. Que dirions-nous, que diraient nos adversaires s'il y avait 400 congréganistes dans les deux Chambres ! Ils crieraient au cléricalisme, et ils auraient raison. Nous poussons le même cri contre les francs-maçons, C'est eux, à l'heure qu'il est, qui sont les cléricaux.

Sur la question sociale, nous nous exprimerons avec la même netteté.

Nous repoussons, non pas le socialisme (le mot est souple, et il en est venu à signifier simplement soit l'état d'esprit de ceux qui sont sincèrement soucieux de justice sociale, soit le système de législation qui assurerait aux travailleurs un peu plus de cette justice), mais nous repoussons le collectivisme, c'est à-dire la « socialisation » et la mise en commun de toutes les richesses, capitaux, terres, mines, usines, instruments de travail, et tout le système politique et social qui en dérive-rait.

Nous repoussons le collectivisme, parce qu'il s'appuie sur une idée fausse, sur un optimisme absurde, sur une méconnaissance totale de la nature humaine et des choses comme elles sont.

Il ne serait réalisable que si tous les hommes étaient bons, courageux et désintéressés. Or, vous savez ce que sont la plupart des hommes : je n'insiste donc pas.

Supposons-le pourtant réalisé. Ce serait la plus insupportable des tyrannies. Ce serait le fonction-narisme universel, la paperasserie ocratie, la médio-

2

crité générale, la mort de l'initiative individuelle. Un vaste bagne sous la surveillance, grassement rétribuée, des gardes-chiourme, inspecteurs et distributeurs du travail. Les ouvriers même n'auraient fait que changer de patrons, et je ne sais s'ils y auraient gagné. Et, comme le gaspillage serait énorme ; comme le prix de production serait exorbitant, comme, par suite, toute lutte serait impossible contre la concurrence du travail étranger, ce serait bien vite la ruine de l'industrie nationale.

Mais que voulez-vous ? Nous avons des politiciens qui pensent et agissent comme si, d'une part, il n'y avait en France que des ouvriers mineurs (il y en a 170.000) et comme si eux seuls étaient à plaindre, et non les ouvriers en chambre, les ouvriers non syndiqués et les paysans ; et comme si, d'autre part, la France était seule en Europe.

Nous repoussons encore le collectivisme, parce que les collectivistes nous sont trop connus. On peut bien dire. en général, qu'ils ne sont pas ce qu'il y a de plus recommandable dans la nation. Il y a, parmi eux, trop de farceurs sinistres. Je parle, bien entendu, des meneurs. et non point de la masse des ignorants qu'ils abusent et qu'ils exploitent.

Ces meneurs-là n'accepteraient point, dans la cité collectiviste, la condition d'un ouvrier. Ils

comptent bien qu'ils seraient de « l'administra-
tion », qu'ils jouiraient d'un traitemeut de faveur;
qu'ils surveilleraient l'énorme atelier, — non gra·
tuitement. Et, en attendant, ils vivent du collectivisme; ils en tirent des ressources et une situation politique.

Leurs affaires semblent en bon train. Ils ont le
gouvernement pour eux. Ils sont déjà au gouvernement.

Des ennemis déclarés de la propriété indivi·
duelle — de cette propriété que tout le Code civil
tend à garantir, — ont été les candidats officiels du
gouvernement qui est le dépositaire et le gardien
de ce Code. De là la plus violente surexcitation et
un espoir fort dans le monde des ouvriers. Les
grèves politiques ont pullulé depuis deux ans. La
grève générale n'est que retardée, la menace en
plane toujours sur nous. Et le gouvernement qui
l'a rendue possible en a été réduit à négocier hum·
blement avec les meneurs, tout en appelant à son
secours cette armée qu'il laisse depuis si longtemps
outrager et qu'il a confiée, sans doute pour la
désorganiser plus vite, aux mains du plus aveugle
et du plus malfaisant des sectaires.

Ce qui se prépare et ce qui est déjà commencé,
c'est l'anéantissement de l'industrie et du com-
mèrce français. Or, quand notre commerce et
notre industrie seront morts, je me demande de
quoi vivront nos ouvriers. J'ai peur que les mines,

les usines métallurgiques, les chemins de fer et
les raffineries socialisés, — et dirigés par quels
polichinelles ! — ne leur réservent bien des mé-
comptes.

Industriels, commerçants, petits propriétaires
ruraux, ouvriers qui voulez travailler et vivre,
pour vous tous le collectivisme est l'ennemi. Le
collectivisme serait le retour en arrière, la réac-
tion, le recul vers un état social inférieur à l'état
actuel, si imparfait, et même si pitoyable qu'il
soit encore, — et, finalement, la ruine de la
France.

Mais alors quels remèdes aux maux des pauvres
gens et aux injustices sociales ? Oh ! tous ceux
qu'on pourra trouver, — excepté celui qui les
aggraverait et qui perdrait le pays, y compris les
ouvriers.

Nous ne repoussons (j'ai dit ailleurs à quelles
conditions) ni le principe de l'impôt progressif sur
les revenus, qui seul assurerait une répartition
plus équitable des charges publiques, ni le principe d'une Caisse de retraites pour la vieillesse des
travailleurs. Mais jusqu'ici quand on a voulu
passer à la pratique, on n'a produit que des pro-
jets mort nés. Le projet de l'impôt sur le revenu
a misérablement échoué il y a cinq ou six ans, et
le récent projet d'une caisse de retraites coûterait

à l'Etat 2 ou 300 millions pour commencer. Or l'Etat ne peut en ce moment, ni courir ces aventures, ni suffire à ces dépenses démesurées. Et, que cela nous plaise ou non, la question sociale est dominée chez nous, et pour longtemps, je le crains, par la question financière.

J'arrive donc à celle-ci. Disons la vérité, si dure qu'elle soit : la question financière est devenue la grande question, celle devant qui toutes les autres s'effacent.

Le déficit « le hideux déficit », comme dit le journal *Le Temps*, voilà en face de quoi nous nous trouvons.

Gambetta disait : « Il ne faut pas croire que la République est un Gouvernement à bon marché ». C'est qu'elle a une famille politique à nourrir, et que cette famille est vorace. Cinq ou six cents souverains (pour ne compter que. les députés et sénateurs de la majorité), cinq ou six cents souverains et leur clientèle, cela coûte cher.

En 32 ans, les dépenses ont augmenté de plus de 2 milliards 200 millions de francs.

De 1870 à 1874, l'augmentation est de 1 milliard, mais elle s'explique par la guerre et ses conséquences.

De 1874 à 1898, l'augmentation, sans motifs plausibles cette fois, est de 1 milliard également, ce qui revient à dire que chaque année on dépense 36 millions de plus que l'année précédente.

De 1898 à 1902, l'augmentation est 221 millions ; en d'autres termes, tous les ans on dépense 74 millions de plus. Je ne sais si la France eût pu suffire longtemps encore à de pareilles charges. Mais le ministère dreyfusiste est venu. Et, comme il a tué dans le pays toute confiance et toute sécurité, il lui a été donné d'inaugurer avec un sinistre éclat l'ère du déficit. Pour la première fois depuis bientôt un siècle, les impôts refusent de rentrer. En 1900 le déficit *réel* était de 180 millions ; en 1901, il approchera de 300 millions.

Quel remède ?

Le jovial Ministre des finances a imaginé un emprunt, c'est-à-dire qu'il a augmenté de 285 millions la dette publique. Il gage cet emprunt sur l'indemnité que doit nous payer la Chine. Ne nous arrêtons pas à cette facétie.

Il y a un remède, et il n'y en a qu'un : réduire le budget des dépenses. En dehors de cela, tout est illusion ou mensonge.

Mais où faire porter ces réductions ? Recherche difficile et qui serait la principale tâche des députés que nous voudrions envoyer au Parlement. Je vous indiquerai une réforme à laquelle il en faudra venir tôt ou tard. Ce serait de réduire (par voie d'extinction, bien entendu, car nous ne voulons faire de tort à personne) le nombre actuel de nos fonctionnaires.

Il y en a environ 430.000, c'est-à-dire 1 pour

93 habitants, qui, avec les pensionnés, nous coûtent un milliard deux cents millions par année. Et l'on en crée tous les ans de nouveaux. Or, il est constant que, dans toutes les administrations publiques, la moitié ou le tiers des employés pourrait faire toute la besogne, et la ferait mieux. Même en payant un peu plus ceux qu'on garderait, vous pressentez quelle prodigieuse économie !

Mais la cure de cette plaie dévorante du fonctionnarisme ne serait complète ou même ne serait possible que par une sage décentralisation administrative, telle, par exemple, que celle dont le plan a été tracé par M. de Marcère.

Chose bizarre, en effet, nos circonscriptions administratives sont restées ce qu'elles étaient sous le premier Empire, avant les chemins de fer et le télégraphe ! Les rouages en sont seulement un peu plus compliqués et plus coûteux

Ou sinon : — Ces réformes sont impossibles, — oui, comme toute réforme sous ce malheureux régime. Et pourtant il faut opter entre la réduction des dépenses ou la ruine. Voilà un dilemme qui n'est malheureusement pas un jeu d'esprit.

En résumé, une République qui ne mente pas entièrement à son nom ; qui respecte nos libertés essentielles ; qui ait souci de la sécurité nationale et, par conséquent, fasse respecter l'armée ; qui soit économe de nos deniers et qui restaure nos finances (puisqu'il faut bien commencer par là);

qui, — en attendant mieux, et puisque l'imprévoyance et l'improbité des faux républicains, en ruinant les finances, ont rendu momentanément impossibles les grandes lois d'amélioration morale, — se contente d'encourager le développement des mutualités et de favoriser ce que j'ai appelé le socialisme volontaire ; une république enfin, qui

it du moins habitable, ne pouvant être encore glorieuse et florissante : voilà l'idéal modeste auquel nous prions nos amis de consentir.

Pour propager ces idées si simples, nous avons la parole. Pour faire qu'elles soient représentées, s'il se peut, par la majorité de la future Chambre et qu'elles aient quelque chance de se traduire par des faits (c'est là, vous vous en souvenez, mon second point), nous avons le suffrage universel. Mais que vaut-il ?

Le suffrage universel, tel qu'il est constitué en France, c'est la toute-puissance de la majorité. Or, est-il juste, même théoriquement, que la moitié des citoyens, plus un, puisse imposer sa volonté à l'autre moitié, moins un ?

Et il n'en est même pas ainsi dans la réalité. En certaines régions, le tiers ou la moitié des électeurs s'abstiennent. Et parmi ceux qui votent, il arrive communément que la majorité qui l'emporte au second tour ne soit que le tiers, ou le quart, des électeurs inscrits.

J'arrive ici à la grande absurdité, à l'absurdité foncière du régime.

Nous avions cru que la République, c'était le Gouvernement de tous par tous, au moyen de représentants élus : et les chiffres *officiels* nous apprennent que, les abstentions étant, en moyenne, de 24 % pour toute la France, et les voix données à des candidats battus étant de 30 %, plus de la moitié des électeurs (54 %), c'est-à-dire plus de 6 millions, ne sont pas représentés à la Chambre.

Ce n'est pas tout. Parmi ceux dont l'opinion est censée y être représentée, combien ont été dupes ! Combien, lorsqu'ils votaient pour le candidat Un Tel, y ont été déterminés par des raisons absolument étrangères à l'intérêt général ou régional, et même à toute espèce de conception politique ! Combien n'ont pas su du tout ce qu'ils faisaient en mettant leur bulletin dans l'urne !

Même parmi les électeurs honnêtes, combien, soit ignorance, soit faiblesse, ou esprit d'imitation, ou respect humain, votent pour des candidats dont ils ne partagent nullement les opinions et les idées !

D'autre part vous savez comment se font les élections, le rôle qu'y jouent l'intimidation, les faveurs, la corruption, le mensonge, l'argent tout nu et tout cru, et la fraude toute pure.

J'ai plusieurs fois, à Orléans, à Grenoble, à Lyon, à Toulouse, exposé les moyens de moraliser et de hiérarchiser le suffrage universel, et de transformer cette force, facilement dupe et facilement tyrannique, en une force clairvoyante, bienfaisante, morale.

Mais j'ai reconnu que ces moyens ne suffiraient pas. La réforme électorale est nécessaire ; j'ajoute que l'idée en est acceptée par tous les bons citoyens et, notamment, par nos amis les progessistes.

Cette réforme porterait sur trois points.

1° Le rétablissement du scrutin de liste. Le gouvernement lui-même feint d'y songer, nous dit-on. Eh bien, nous y songeons aussi, et nous verrons bien à qui il profitera. — Ce système laisse moins de place au maquignonnage électoral. Il permet des alliances honnêtes entre les candidats; il permet de les grouper en grand nombre sur un programme simple et clair.

2° Mais le scrutin de liste, tout seul, ne donnerait encore qu'une représentation peu exacte des opinions et des intérêts du pays.

Supposons-le rétabli, et prenons un département comme la Loire Inférieure qui envoie neuf députés à la Chambre, et dans lequel les électeurs royalistes sont en majorité. Les neuf députés seront royalistes. Les républicains, qui forment plus du tiers des votants, n'auront pas un seul représentant. Plus de 46.000 citoyens seront supprimés, annihilés par 70,000 autres, absolument comme s'ils avaient avaient été rayés des registres électoraux pour avoir subi quelque condamnation infamante.

Voulez-vous voir la situation inverse ?

Prenez la Lozère, où les conservateurs forment presque la moitié du corps électoral ; 15,000 contre 16,000. Avec le scrutin de liste, ils n'auront pas un seul député, sur les trois qui sont attribués au département.

Il faut donc ajouter au scrutin de liste la représentation proportionnelle ou représentation des minorités. Avec ce système, toutes les opinions, tous les partis seraient représentés selon leur importance et leur force. Système excellent, le seul équitable, et dont la Belgique, par exemple, se trouve bien. Système très simple dans son fonctionnement, mais difficile à exposer en peu de mots (c'est un point qui, comme beaucoup d'autres, devra être expliqué par les journaux ou dans des réunions moins nombreuses et moins solennelles que celle-ci).

3° Le vote obligatoire pour tous les électeurs. Je n'ai pas besoin de montrer que le suffrage universel serait plus sincère, s'il était universel en fait. Les abstentionnistes dépourvus d'excuses valables seraient frappés d'une peine légère, telle que l'affichage de leurs noms ou la privation de leur droit de vote pendant quelque temps. On peut espérer que cette sanction ne serait pas totalement ment inefficace.

Tous nos candidats devront souscrire à la réforme électorale. Notez qu'elle peut être accomplie par la Chambre future, tranquillement, sûrement, sans la convocation hasardeuse d'un Congrès. Elle serait comme la première étape dans la réalisation progressive de la République.

La seconde étape, ce serait la revision constitutionnelle.

Le parlementarisme, en soi, est défendable. Mais le parlementarisme sans frein, tel que nous le voyons, est atroce.

Le frein du parlementarisme, ce devrait être l'exécutif.

La constitution confère au Président de la République des pouvoirs très étendus. Il ne s'en est jamais servi, il ne peut pas s'en servir. Pourquoi ? c'est que le Pouvoir exécutif, issu du législatif, n'est plus rien devant celui-ci ; c'est que élu par les seuls parlementaires, qui représentent déjà si imparfaitement la nation, il ne la représente plus du tout et n'exerce qu'une fonction passive, décorative, inutile.

L'immense majorité des citoyens accepterait facilement l'idée d'une constitution où le Président de la République, nommé par un collège électoral plus large (soit par les conseils généraux et les grands corps de l'Etat, soit plutôt par le suffrage universel à deux degrés) recouvrerait, en vertu de ses origines, quelque indépendance à l'égard du Parlement, et serait vraiment l'homme de la nation — et où les ministères de défense et de protection nationale, ceux qui ont absolument besoin de durée et de suite — guerre, marine, affaires étrangères — seraient responsables uniquement devant le chef de l'Etat.

A ces deux points, selon moi, devrait se réduire la réforme constitutionnelle. Mais cela ne pourrait se faire que par un congrès, et par un congrès où les représentants de nos idées fussent en majorité. — Ce sera, comme j'ai dit, la seconde étape, sans doute encore lointaine, dans la formation d'une république raisonnable et viable. Entreprenons ce qui est immédiatement possible, et allons au plus pressé.

Donc, réforme électorale, — et pour le reste, amour de la patrie, respect de l'armée, défense de la liberté de conscience et de la liberté d'association, répression du gaspillage financier, développement des associations de secours mutuels voilà le programme sur lequel nous nous entendrons tous pour commencer.

Messieurs, je ne me dissimule pas que ce programme sincère paraîtra modeste auprès des boniments de la plupart de nos adversaires.

Ceux-ci n'éprouvent aucune difficulté à mentir. Ils ne craignent pas d'exploiter l'ignorance et la faiblesse d'esprit d'un trop grand nombre d'électeurs, de caresser leurs instincts égoïstes, leur secrète répugnance à une règle morale, leur paresse, leur cupidité, leur lâcheté, leur méchanceté même.

Nous, au contraire, nous couvions les électeurs surtout à des sentiments désintéressés. Nous les exhortons à s'indigner contre des injustices dont ils n'ont pas encore souffert personnellement. Nous cherchons à les élever jusqu'à la conception et à l'amour de la communauté nationale. Lorsque nous leur prêchons le patriotisme, c'est comme si nous leur recommandions le sacrifice volontaire de l'individu à la collectivité. Nous leur promettons les réformes que la charité ou la raison conseille et que permet la réalité, mais nous ne leur promettons pas ce que nous ne pouvons pas leur donner, nous ne leur promettons pas l'Eldorado.

Bref, nos adversaires ont sur nous ce grand avantage, de s'adresser aux mauvais sentiments, et d'escompter la crédulité populaire. Qu'est-ce que nous pouvons contre des gens qui disent au peuple : « Tu ne paieras plus d'impôts ; c'est le gros propriétaire de la commune qui les paiera tous ; tu auras des rentes à 45 ans ; tu ne feras pas de service militaire ; les curés te trompent ; — tu n'as pas de devoirs ; tu n'as que des droits, etc… »

Dans cette lutte où nos ennemis mentent, et où nous disons la vérité, où ils flattent l'égoïsme, et où nous nous adressons à la bonté du peuple et à son bon sens, il semble bien que nous ne soyons pas de force. Pourtant, qu'ils ne s'y fient pas. Nous pensons qu'on peut encore émouvoir des

Français en leur parlant de la France, en leur parlant d'autre chose que de l'intérêt immédiat de chacun, en leur parlant de l'intérêt de tous et en faisant remarquer que le bien de tous enveloppe le bien de chacun et que, selon la parole d'un ancien, ce qui est utile à la ruche est utile à l'abeille. — Ce peuple, toute son histoire le prouve, a un fonds de noblesse et de générosité héréditaires. Il finira bien par le faire savoir une fois de plus. Nous en sommes persuadés et toute notre politique, si simple qu'elle en paraît maladroite, est fondée sur cette croyance.

Messieurs, ce n'est pas en un jour qu'un pays se perd. Mais il ne se relève pas non plus en un jour. Soyons ardents, mais soyons patients.

Vous ne manquerez, Messieurs, ni de patience, ni de persévérance, ni de courage. Quant à votre patriotisme, je le connais trop pour qu'il me semble nécessaire d'y faire appel. Vous êtes Lorrains, c'est tout dire. Vous êtes les compatriotes de Jeanne d'Arc, la Sainte de la Patrie Française, et du général Drouot, le sage de la grande armée. Vous avez été plus meurtris et vous êtes plus proches du danger que le reste de la France. Tout cela vous fait une âme à part, plus forte, plus vigilante et plus prête que la nôtre. Vous savez que le salut de la Patrie et la réfection de la République, c'est tout un à l'heure qu'il est. Je ne vous en dirai pas davantage.

De même que le corps humain a des points particulièrement impressionnables où la vie est à la fois plus sujette à la douleur et plus complète, de même il y a, dans un grand pays, des régions où la sensibilité nationale est plus délicate, plus vive, plus inquiète, plus rapidement éveillée. C'est pour nous un grand signe de la bonté de notre cause et un beau présage d'espérance que le nationalisme ait eu dès l'abord, pour principaux foyers, Paris et les Marches de Lorraine, la Capitale et la Frontière.

Vive la France ! et que la République revive !

Quand le président de la *Patrie française* a terminé, la salle entière est debout, acclamant longuement l'orateur à qui elle semble ne pas pouvoir assez témoigner son admiration fervente et spontanée : toutes les mains se tendent vers lui et cette ovation ne s'arrête qu'au bout de plusieurs minutes.

Quand l'enthousiasme s'est un peu calmé, M. Jules Lemaître donne la parole à M. Cavaignac qui se lève au milieu d'applaudissements chaleureux.

Discours de M. CAVAIGNAC

Messieurs,

Il y a peut-être quelque présomption à ajouter quelque chose aux paroles que vous venez d'entendre.

Je voudrais cependant essayer à mon tour, quelque difficile que soit ma tâche, de préciser les idées qui nous rassemblent ici et celles que nous combattons.

Les réunions comme celle que vous avez provoquée à Nancy, sont pour nous un des moyens les plus sûrs de dégager des fausses apparences dont on les enveloppe, et la politique que nous défendons, et celle que nous combattons.

C'est de celle ci que je m'occuperai tout d'abord.

Vous êtes-vous demandé quelquefois ce qui faisait l'unité de la politique gouvernementale?

Singulière politique et qui paraîtrait vraiment bien incohérente à un premier examen superficiel.

Hier elle dépose le projet de loi sur la grève obligatoire et aujourd'hui elle mobilise deux corps d'armée contre la grève des mineurs.

Hier elle expulse les congrégations et aujourd'hui elle célèbre à grand renfort, d'éloquence, et peut-être avec quelque excès, leur rôle dans le développement de la civilisation. Aujourd'hui elle impose un emprunt au contribuable français pour remplir en Extrème-Orient les mêmes caisses qu'elle se préparera à vider demain en France. Et cependant, dans toutes ces variations politiques, soit qu'il parût incliner toute sa politique et toute son action devant les exigences du parti collectiviste, soit qu'il paraisse aujourd'hui vouloir désarmer par quelques discours retentissants les inquiétudes des conservateurs qui le soutiennent, le gouvernement n'a cessé d'avoir derrière lui la même majorité associant dans l'assemblage le plus étrange les débris de l'ancien opportunisme compromis depuis dix ans dans tous les scandales financiers, le radicalisme avec toutes ses nuances et le collectivisme le plus intransigeant.

Comment cette coalition dont le ministère n'est que l'image dans sa propre composition, comment cette coalition s'est-elle maintenue depuis trois ans au milieu de tant de vicissitudes ? Pourquoi des modérés comme M. Barthou et M. Poincaré ont-ils soutenu de leurs votes un ministère qui proclamait la grève obligatoire ? Pourpuoi des radicaux comme M. Brisson ou des socialistes ont-ils voté le projet de loi qui indemnise les congrégations d'Extrême Orient ?

Tout cela n'est point de pur hasard ; il faut bien qu'il y ait quelque part une pensée commune qui tienne rassemblés depuis trois ans dans le même gouvernement des hommes aussi divers que M. Waldeck-Rousseau et M. Millerand — et dans les mêmes votes des hommes aussi opposés que M. Rouvier et M. Viviani ou que M. Brisson et M. Barthou.

Cette pensée commune c'est la même qui a présidé à la formation du ministère actuel Personne ne peut oublier sous quels auspices il s'est formé. Lorsqu'il s'est formé, il a reçu mandat du syndicat cosmopolite qui a provoqué la crise nationale que nous traversons depuis quatre ans, il a reçu mandat de faire aboutir à un acquittement le procès de Rennes. Je défie qu'on trouve un autre lien entre les hommes qui ont formé ce jour-là le gouvernement de la France.

Et il faudrait beaucoup de naïveté et d'aveuglement pour ne pas voir, qu'après l'échec de cette tentative, les mêmes tendances et les mêmes pensées n'ont pas cessé de diriger la politique que nous subissons depuis trois années.

Il ne faut pas se laisser tromper par les phrases. Il ne s'agit point de défendre la forme républicaine sur laquelle ne pèse aucune menace sérieuse.

Il ne s'agit pas de savoir si l'on pressera avec plus ou moins d'énergie l'œuvre du progrès démocratique.

Nous sommes en présence d'une politique parfaitement déterminée dans ses tendances générales comme dans ses actes particuliers, qui poursuit

une campagne de destruction systématique contre
l'esprit militaire et les institutions militaires, et
qui remet par là en cause les fondements mêmes
de l'existence nationale.

Tantôt elle nie ouvertement l'idée de patrie sous
l'inspiration des doctrines internationales.

Tantôt elle essaie de briser ou d'énerver l'esprit
national, par l'introduction ou la prédominance
dans le domaine de la pensée ou des intérêts
matériels, des éléments étrangers ou cosmopolites.

Mais dans toutes ses manifestations diverses,
son unité est visible, c'est une campagne systématique contre les idées et les institutions qui sont la
garantie de la sécurité et de la grandeur nationales. Et ceux que nous combattons ne se bornent
pas aux discussions d'idées. Ils exercent encore
une action positive, une action politique, qui ne
sont point difficiles à saisir et qui s'attaquent particulièrement à l'instruction publique et l'organi-
sation militaire.

Il importe de convaincre tous ceux, et ils sont
nombreux, qui pourraient se laisser aveugler sur
le caractère véritable de la politique à laquelle
nous sommes en proie. Il importe de les convaincre
que nous sommes en présence d'une entreprise
conduite d'une main sûre, d'un propos parfaitement délibéré et qui tend à la destruction de l'idée
nationale.

Personne ne saurait méconnaître qu'il s'exerce

actuellement dans les milieux universitaires, une œuvre de propagande efficace et généralisée, qui qui donne de singuliers commentaires aux manuels et aux cours d'éducation civique.

Et il ne faut pas croire que ce soit seulement l'œuvre de quelques fous, de quelques isolés, ou de quelques intempérants.

Nous savons que l'université tout entière n'est pas entraînée dans ce courant. Non pas même la majorité du corps enseignant. Nous avons des témoins dont la présence ici — et je salue particulièrement celle de M. le professeur Beauchet — proteste hautement au nom de l'université.

Mais malgré la résistance honorable d'une partie du corps enseignant — on peut dire aujourd'hui que la représentation, la direction officielle de l'université s'est engagée dans ces voies nouvelles.

Il m'en est tombé il y a peu de temps entre les mains une preuve bien frappante que je voudrais, si vous voulez m'accorder pour cela quelques minutes, faire passer sous vos yeux.

Lorsque se sont fondées les universités, on a constitué à côté d'elles, au moins dans un grand nombre d'universités, des sociétés qu'on a appelé sociétés des amis de l'Université. Je me suis inscrit bien volontiers, car je m'honore d'être des amis de l'université, dans celle de ma région : l'université de Caen.

J'ai reçu dernièrement le volume des conférences

faites par cette société en 1900-1901. Et quelque préparé que je sois à ce genre de surprises, je n'ai pu réprimer mon étonnement en constatant les singulières théories professées par les hommes qui ont pour mission d'instruire la jeunesse au nom de l'Etat.

Les titres des conférences sont déjà assez significatifs ; elles s'appellent « l'idée de la guerre au xixe siècle », « la condition du soldat au xviiie siècle », « la conférence de la Haye », « un prince anarchiste ». Elles sont, comme vous le voyez, dans leur grande majorité, consacrées à la propagande dont je parlais il y a un instant, à la discussion des idées sur lesquelles reposent les institutions militaires et avec elles la sécurité du pays et la défense nationale.

Mais il faut relever quelques détails de ces conférences pour se faire une idée des doctrines qu'elles tentent de propager.

J'y trouve tout d'abord dans celle qui est intitulée « un prince anarchiste » une apologie de l'anarchie. L'auteur de la conférence explique d'abord ses sentiments sur l'anarchie.

« Mais il en est d'autres qui ne sont que des « théoriciens, apôtres d'une religion nouvelle, « faite tout entière de fraternité et destinée dans « leur pensée à donner à l'humanité le bonheur, « en supprimant les maux qui dérivent aujourd'hui « de la contrainte et de l'oppression. Cette doc-

« trine a été plus d'une fois comparée à celle du
« christianisme à ses origines, et c'est assez dire
« qu'elle ne saurait être repoussée sans examen,
« par la colère et le mépris. »

Notez ce rapprochement entre le christianisme à
son aurore et l'anarchie. Vous allez en goûter toute
la saveur lorsque je vous dirai le nom de l'auteur
de la conférence.

Puis il analyse la doctrine du prince anarchiste.
C'est de Kropotkine qu'il s'agit. Je ne veux retenir
de cette analyse qu'un passage, c'est celui qui se
rapporte à la morale anarchiste.

« Au point de vue moral, également, la libéra-
« tion s'accomplira. On renversera l'ancienne mo-
« rale, toute coercitive. On en édifiera une nou-
« velle, fondée sur le sentiment, l'instinct, l'habi-
« tude.

« Mais ce sera, suivant l'expression de Guyau,
« une morale sans obligation ni sanction. »

Et enfin, après avoir analysé la doctrine anarchiste, l'auteur donne son avis.

« Cette doctrine, dit-il, voulons-nous l'appré-
« cier ? Nous devons reconnaître qu'on y trouve
« plusieurs choses à louer :

« Un respect très justifié pour l'autonomie
« humaine. »

Et enfin, il ajoute :

« Ce n'est que par une ascension graduelle et
« bien lente qu'on pourra s'approcher d'un état de
« choses semblable. »

Je vous ai promis de vous dire le nom du conférencier, il s'appelle René Worms, et il doit à quelque circonstance particulière, je ne sais laquelle, une faveur peut-être unique. Il est en même temps à Caen professeur à la Faculté de droit, et à Paris auditeur au Conseil d'Etat.

Mais daus cette œuvre de propagande vous pensez bien qu'un chapitre spécial, le plus soigné, le plus étendu, est consacré à ce qui est la préoccupation essentielle des propagandistes, la lutte contre les idées sur lesquelles reposent les institutions militaires.

Je ne voudrais pas abuser des citations. Ecoutez encore celle-ci. Elle termine la conférence d'un professeur du lycée de Caen sur l'idée de la guerre au xix⁰ siècle.

« Si le xx⁰ siècle ne voit pas la fin de la guerre,
« du moins peut-être verra-t-il l'accord des esprits
« se faire sur cette question qui a tant divisé le
« xix⁰ siècle ; il est permis de penser que la voix
« des apologistes n'osera plus bientôt se faire
« entendre et que tous les penseurs seront au
« moins unanimes à « déshonorer la guerre », en
« attendant que l'humanité la supprime. »

Ainsi voilà l'Etat vers lequel on nous pousse : un état social dans lequel la guerre ne sera pas supprimée, les *penseurs* qui répandent ces doctrines veulent bien le reconnaître lorsqu'il leur reste un grain de bon sens, mais dans lequel on aura persuadé à ceux qui auront à se faire tuer pour l'avenir ou pour l'honneur de leur pays, qu'ils pratiquent en faisant le sacrifice de leur vie un métier déshonorant.

Et ne croyez pas qu'il s'agisse des excentricités d'un isolé. Ces conférences sont estampillées, approuvées dans une préface du recteur de l'Université de Caen. Elles revêtent par là un caractère semi-officiel. L'organisme de l'instruction publique donné par l'Etat, les organes directeurs au moins, violant les principes les plus élémentaires de la neutralité de l'enseignement proclamée par la troisième République, se font en guise d'éducation civique, depuis l'enseignement supérieur jusqu'à l'enseignement primaire, depuis l'université jusqu'à l'école, les propagateurs des thèses antinationales dont je viens de faire passer quelques exemples sous vos yeux.

C'est le renversement et la négation même de la doctrine libérale qui est la raison d'être de l'œuvre scolaire de la troisième République.

Lorsque nous avons proclamé la neutralité de l'école d'Etat, c'est au nom de la liberté de conscience, c'est parce qu'il nous paraissait qu'un des plus graves dangers que peut courir la liberté de conscience, c'était l'abus de l'autorité sans contrepoids du maître, pour faire pénétrer dans l'esprit sans défense de l'enfant une doctrine politique ou religieuse quelle qu'elle fût, et que c'était l'atteinte

la plus grave qui pût être portée à la liberté de
conscience que de transformer l'œuvre de l'éducation en œuvre de propagande. C'est précisément
cela qu'on est en train de faire.

L'organisme de l'instruction publique donné
par l'Etat se fait l'auxiliaire de la propagande antinationale.

Mais ce n'est pas tout encore. Ce serait une
grave erreur de croire qu'il s'agit simplement
d'une œuvre de propagande intellectuelle limitée
au monde spécial de ceux qui se décernent à eux-
mêmes des brevets de penseurs. On a été plus
loin encore.

Encouragés discrètement par la propagande
intellectuelle et hypocrite qui n'ose pas mettre
elle-même la main à la pâte, les anarchistes ont
tiré la conclusion pratique, de la doctrine philoso-
phique des antimilitaristes.

Aux grandes phrases vagues sur l'humanita-
risme et l'horreur de la guerre, a répondu la pro-
vocation à l'indiscipline dans les casernes.

Aux professeurs qui conseillent de « déshonorer la guerre » ont succédé les polémistes qui
travaillent à déshonorer l'armée et ses chefs ; et
aux polémistes ont succédé les propagandistes
qui poussent à la révolte et à l'insulte.

Et enfin, derrière ces propagandes variées nous
n'avons cessé de trouver depuis deux ans la complicité de la majorité ministérielle et du gouvernement.

Et tandis que la propagande anarchiste excite les soldats ou les réservistes à l'insubordination, parfois même, comme à Saint-Etienne et à Marseille, à la révolte directe et à l'insulte contre les chefs, à la propagande anarchiste d'en bas, répond comme un écho la propagande anarchiste d'en haut qui s'emploie à humilier, à diminuer, à déconsidérer les chefs militaires — et qui, d'entrée de jeu, leur a refusé toute action sur l'avenir ou la récompense des officiers qu'ils commandent.

Et quelle est aujourd'hui la situation des chefs auxquels serait confiée dans un jour de crise nationale la direction des troupes ?

Quelle serait leur situation si la propagande active qui s'exerce partout parvenait à pénétrer la démocratie française et si l'état que nous traversons devenait l'état normal du pays. Quelle serait leur autorité pour faire face à de semblables responsabilités ?

Les chefs militaires se verraient limités dans l'exercice du commandement, non plus par le sentiment de leur responsabilité et la surveillance de leurs supérieurs, mais par la résistance directe de leurs subordonnés.

Et lorsque les officiers placés sous leurs ordres attendraient d'eux l'appréciation ou la récompense de leurs services, généraux ou colonels n'auraient plus qu'une réponse à faire : nous n'y pouvons rien, adressez-vous à la camarilla du ministre, à ces cabinets étranges qui ont une manière à eux de reconstituer le service des renseignements en livrant aux journaux socialistes les rapports confidentiels des généraux français. |Je ne voudrais point me laisser aller, pas même ici, dans cette cité reconstituée sur les ruines de la frontière et qui est demeurée comme la cicatrice plus sensible d'une plaie mal fermée, je ne voudrais point me laisser aller aux suggestions d'un patriotisme facile et bruyant. Mais lorsqu'on suit comme nous le faisons cette propagande qui s'attaque aux sources vives de la vie nationale et qui poursuit son œuvre de désorganisation, et qui répand son poison de l'université au parlement et de l'école à la caserne, comment ne pas évoquer le souvenir des sentiments et des tendances qui avaient pénétré au lendemain des désastres de 1870 toutes les âmes françaises, qui ont dominé depuis trente ans la politique, la vie nationale, tous les partis sans exceptions.

Ces pensées, toujours présentes au fond des cœurs, ont imposé, durant trente ans, silence pour un instant aux antagonismes les plus violents. Elles ont interdit parfois au sein des Parlements qui se sont succédé depuis 1875 de soumettre aux discussions mêmes les plus légitimes tout ce qui semblait tendre à l'accroissement de la force nationale et de la puissance militaire de la France,

Si l'on remonte plus loin encore, elles ont dominé même l'antagonisme des amis de M. Thiers et de ceux qui l'ont violemment renversé ; même l'antagonisme de la droite de l'assemblée nationale et de Gambetta. Elles ont fait depuis trente ans l'unité de la politique française et l'un des meilleurs titres de gloire de la politique républicaine.

Et qui n'a souvenir de cette phrase qui était comme stéréotypée dans tous les programmes républicains, et où l'on invoquait à l'honneur de la troisième république d'avoir reconstitué les garanties de la sécurité et de la défense nationale.

Et si l'on remonte plus loin encore, à l'heure même du désastre, ne sont-ce pas ces premiers encore qui ont poussé au sacrifice, tous ceux qui ont donné leur existence pour sauver ce qui pouvait être encore sauvé du patrimoine moral de la France, et qui ne jugeant pas sans doute que ce fût un métier déshonorant que de donner sa vie pour une idée ont cru que même après l'irrémédiable défaite, même dans une lutte sans espoir, il y avait encore quelque chose à sauvegarder pour l'avenir et pour la grandeur de la Patrie Française.

Et tous ceux qui sont morts en 1870 comme ceux qui ont travaillé depuis à reconstituer la puissance militaire de la France ont été dominés par une seule idée, par l'idée que le désastre de

1870 n'était point une condamnation sans appel, que la France avait autre chose à faire qu'à proclamer elle-même sa propre déchéance ; et à ce besoin de reconstitution s'est liée indissolublement cette autre idée que la grandeur d'une nation, le rayonnement intellectuel de son génie national, aussi bien que le développement de ses intérêts matériels, dépendaient étroitement du développement et de l'affirmation de sa puissance militaire, de la résolution des citoyens de sacrifier aux jours de crise nationale jusqu'à leur existence pour la sauvegarde du patrimoine commun.

Eh bien, il ne faut pas qu'il y ait d'équivoque. — C'est tout cela qu'on nous demande de renier aujourd'hui.

On nous demande de répudier l'héritage que ces derniers défenseurs de la patrie ont transmis de leurs mains défaillantes à l'assemblée nationale, que l'assemblée nationale a transmis aux fondateurs de la République et ces fondateurs de la République aux générations actuelles.

Et c'est parce que nous ne voulons point renier cet héritage que nous sommes ici réunis aujourd'hui, que nous avons rassemblé les hommes qui ont fondé la ligue de la Patrie Française et que vous avez répondu de toutes parts à leur appel.

Mais lorsque j'aurai montré que ce n'est point une menace imaginaire qui pèse sur la pensée nationale et qui nous rassemble ici, lorsque j'aurai fait passer sous vos yeux les désordres des philosophes qui prêchent la paix universelle et le désarmement moral de la France, la propagande des internationalistes qui se proclament eux-mêmes sans patrie — la propagande plus équivoque de ceux qui minent plus hypocritement au nom des idées d'humanité les bases mêmes de l'institution militaire ; lorsque je vous aurai montré derrière cette propagande la complicité de la majorité actuelle et du gouvernement, je n'aurai rempli qu'une partie de ma tâche.

Lorsqu'il faut s'adresser au suffrage universel — et il va falloir s'adresser prochainement à lui — les directeurs de la politique que nous combattons se gardent bien de proclamer ce qui fait le fonds commun et inavouable de leur politique.

Aidés par la publicité à gages qu'ils ont asservie, ils tentent de déplacer le terrain du débat.

Et pratiquant ce que j'ai appelé ailleurs une sorte de chantage politique, ils disent à ceux qui se font les défenseurs des idées nationales :

Vous vous ferez les complices bruyants ou discrets de la politique antinationale, ou vous serez proclamés traîtres à la République. Eh bien, c'est à cela qu'il faut répondre encore en quelques mots.

Je ne voudrais point abuser des arguments personnels et demander si les hommes qui se présentent aujourd'hui devant vous ont véritablement l'aspect de conspirateurs monarchiques.

Je pourrais demander s'il y a dans un parti qui s'intitule le parti des intellectuels des Beotiens capables de traiter de clérical M. Jules Lemaitre, un des esprits les plus libres qui honorent les lettres françaises.

Je pourrais demander si jusqu'au jour où il y a eu à s'occuper de l'affaire Dreyfus, aucun spupçon a effleuré le loyalisme républicain de M. le général Mercier.

Je pourrais peut-être dire aussi que s'il s'agissait d'une entreprise contre la République, trop de souvenirs se lèveraient devant moi pour que je ne m'arrête pas au seuil d'une tentative semblable.

Mais vous entendez bien que je ne veux pas m'en tenir à des arguments personnels.

Je ne crains pas de dire que l'œuvre à laquelle nous nous consacrons est infiniment plus conforme à ce qui a été depuis cent ans l'idéal du parti républicain que la politique que nous combattons.

Rien n'est plus contraire aux idées de violence ou de coups de force que la propagande même à laquelle nous nous consacrons. Et je demanderai qui donc est plus républicain :

De ceux qui, sentant le péril qui pèse sur leur Patrie, adressent, au grand jour des réunions, leur appel à l'opinion publique et demandent à la libre initiative des citoyens de se défendre par la seule manifestation de leur volonté.

Ou de ceux qui s'entendent si bien à enserrer

d'une foule de liens secrets la manifestation indépendante des volontés qu'ils asservissent.

De ceux qui, lorsqu'ils se sentent gênés pour discuter publiquement avec nous les idées que nous leur opposons, n'ont le choix pour les combattre qu'entre les arguments frelatés de la défense républicaine ou les procédés plus pratiques en face desquels nous nous sommes trouvés à Toulouse.

Et s'il s'agit, non plus des procédés par lesquels nous cherchons le triomphe de nos idées, mais du fonds même des idées, de quel droit nous accuse-t-on de n'être point des républicains?

Est-ce parce qu'après avoir essayé consciencieusement pendant vingt années de tirer le meilleur parti de la Constitution de 1875, nous sommes obligés de reconnaître qu'elle n'assure point au fonctionnement normal de la vie nationale le minimum de garanties que la France doit exiger de sa Constitution? Mais j'ai passé ces vingt années à voir les républicains les plus avancés proclamer que la Constitution de 1875 qui n'a point été donnée à la République par les Républicains, était une Constitution d'origine monarchique.

J'ai entendu pendant vingt ans la gauche extrême proclamer que toute son action politique devait être subordonnée au renversement de cette Constitution qu'elle déclare aujourd'hui intangible.

Et puis la République n'est point seulement une

forme de gouvernement, elle est aussi la formule nécessaire du mouvement démocratique qui depuis cent années a transformé la France et l'Europe.

Et d'où vient donc aujourd'hui la menace pour cette indépendance, pour cette souveraineté que la démocratie a conquise par l'ascension progressive dont l'histoire a rempli le xixe siècle ?

A côté des progrès de la démocratie, un autre phénomène s'est produit.

Le mouvement des sciences, l'intensité croissante de la vie humaine, le développement du crédit, ont constitué une puissance économique nouvelle, dont les conquêtes progressives ont été parallèles à celles de la démocratie.

Il semble qu'une grande partie de la puissance économique moderne se soit concentrée entre les mains d'une minorité de cosmopolites, indifférente à toute idée nationale, qui, séparée du peuple encore plus que l'aristocratie de naissance, que l'aristocratie du sol dont elle cherche à prendre la place, impuissante à faire accepter ou à imposer dans le contact direct avec la démocratie son influence ou sa prépondérance, cherche une compensation à son impuissance dans la pratique de la corruption dont elle a longue expérience.

Eh bien, nous ne sommes pas de ceux qui cherchent ailleurs que dans le rapprochement et la conciliation des divers éléments sociaux, la solution des problèmes sociaux de la démocratie moderne, nous ne sommes point les adeptes de la lutte des classes.

Mais il est une autre solution aux difficultés de notre époque que nous réprouvons avec la même énergie, c'est celle qui, après avoir délégué en un petit nombre de mains la souveraineté de la démocratie asservirait ces délégués et par là la démocratie elle-même aux nouvelles puissances économiques.

Je dis que lorsque nous assistons à la coalition manifeste du collectivisme révolutionnaire et de la finance internationale étroitement associés dans la crise que nous traversons depuis trois ans — étroitement associés dans l'assaut qu'ils livrent aux institutions militaires — étroitement associés dans l'appui qu'ils prêtent au gouvernement actuel, nous avons le droit de nous demander si dans cette coalition étrange, ce n'est pas la démocratie qui risque d'être dupe, et le droit de dire qu'en la combattant, c'est nous qui sommes les défenseurs véritables de l'indépendance, de la démocratie française.

Messieurs, j'ai terminé.

Pénétrés des dangers de l'heure présente, nous avons pensé que s'il dépendait de la démocratie seule et du suffrage universel que le péril national qui nous menace fût conjuré, il dépendait du moins de nous et de nos efforts que les questions fussent nettement posées devant le suffrage universel.

Nous avons pour nous la conscience, en défendant ce qui a fait dans le passé et ce qui fera dans l'avenir la grandeur de la Patrie française, de n'être point infidèles à la pensée républicaine, ni aux traditions d'un parti qui a contribué pour sa large part au développement du patrimoine matériel et à la sauvegarde du patrimoine moral de la France.

C'est de vous, Messieurs, c'est de votre énergie, c'est de votre résolution, qu'il dépendra que ces idées triomphent au jour prochain où la nation aura à se prononcer. »

Ce langage élevé soulève les applaudissements unanimes de l'assistance, et M. Cavaignac est l'objet d'une chaude ovation qui s'adresse plus encore peut-être au patriote républicain qu'à l'orateur éloquent.

M. Jules Lemaître donne alors la parole à M. le général Mercier : quand celui-ci se lève, il est salué par des hourrahs frénétiques, des bravos sans fin mêlés de cris de : «Vive Mercier ! A bas Dreyfus! »

Quand le calme est à peu près rétabli, le général prend la parole en ces termes :

Discours de M. le Général MERCIER

Mesdames, Messieurs,
Mes chers Concitoyens,

Après les admirables discours que vous venez d'applaudir, je ne puis pas avoir la prétention de vous en faire un autre ; je ne pourrais qu'affaiblir l'effet produit et le résultat obtenu par ces maîtres de la parole, Jules Lemaitre et Godefroy Cavaignac, que vous avez eu le délicat plaisir d'entendre. Je vous demande donc simplement la permission, comme Lorrain et comme vieux soldat, de vous adresser quelques mots partant du cœur et qui, j'espère, trouveront le chemin du vôtre.

C'est d'ailleurs à ce double titre que vous avez avez bien voulu me donner en plusieurs circonstances déjà, et que vous me renouvelez aujourd'hui encore dans cette enceinte, les témoignages d'une sympathie dont je vous exprime ma profonde reconnaissance.

Je dis : « Lorrain et soldat », parce que votre Nancy n'est pas seulement l'élégante et riche capitale de la Lorraine, c'est aussi une cité essentiellement militaire, un avant-poste de combat occupé par cette splendide « division de fer », qui est un honneur et un modèle pour l'armée française,

Vous vivez en contact incessant avec celui qui était notre adversaire d'hier et qui peut, d'un instadt à l'autre, redevenir notre ennemi de demain. Vous avez, par ce contact, affiné et développé plusieurs de vos remarquables qualités natives. Je n'insisterai pas sur cette idée pour ménager votre modestie. Il me sera cependant permis de dire que chez vous, le feu sacré du patriotisme brille avec une flamme plus ardente et plus éclatante que dans d'autres régions, car cette flamme est constamment avivée par la brise qui vous apporte, en franchissant les Vosges, l'écho des regrets et des indestructibles espérances de nos frères d'Alsace-Lorraine.

Eh bien ! c'est à ce patriotisme lorrain que je viens faire appel aujourd'hui ; ce n'est pas, pour le moment, contre l'étranger ; mais, hélas! contre des compatriotes égarés. Nous venons vous demander de vous dresser avec nous contre ceux qui, soit par inconscience, soit avec des intentions abominablement criminelles, affaiblissent et désorganisent la France à l'intérieur, et la réduiront ainsi à une rapide et complète impuissance contre l'ennemi extérieur.

Ce danger-là ne date pas d'aujourd'hui ; il a été prévu et prophétisé, il y a trente ans, par l'illustre homme d'Etat auquel votre reconnaissance a donné le droit de cité dans vos murs, et dont la statue frappe les premiers regards de l'étranger qui pénètre dans Nancy.

M. Thiers, en même temps qu'il éloignait le danger extérieur par cette admirable opération de la libération du territoire, se préoccupait du danger intérieur et disait : « La République sera libérale ou elle ne sera pas ».

Les discours des orateurs qui m'ont précédé vous ont édifié sur le libéralisme de nos gouvernants actuels ; je ne reviendrai pas sur une critique si magistralement faite ; je n'essayerai même pas de qualifier toute une série d'actes que je considère comme inqualifiables ; je vous demanderai donc simplement :

Voulez-vous aboutir à la banqueroute nationale comme conséquence du pillage des richesses de la France par la ploutocratie juive ?

Voulez-vous discréditer la forme républicaine du gouvernement, comme conséquence de la confiscation successive de toutes nos libertés, par une coterie de sectaires infectés de cléricalisme maçonnique ?

Voulez-vous arriver à la guerre civile, comme conséquence des efforts odieux que l'on fait ou qu'on laisse faire pour exciter les haines de Français contre Français ?

Voulez-vous enfin, comme conséquence des défaites que l'on prépare en introduisant à jet continu dans nos armées de terre et de mer des

ferments de désunion, de démoralisation et d'indiscipline, voulez-vous devenir des Allemands?
(Un grand nombre de voix: Non, non).

J'étais certain que je me trouverais en parfaite
communauté d'idées avec vous; j'étais certain que
vous me répondriez: Non, nous voulons d'abord et
surtout rester Français. (Une voix : Nous voulons
aussi la revanche !)

Nous voulons aussi, comme vous le disait si bien
M. Jules Lemaître, tout à l'heure, rester les citoyens
d'une République libérale, ouverte à toutes les
bonnes volontés qui viendront lui offrir un concours
loyal, nous assurant la jouissance de toutes les
libertés conquises par nos pères; nous voulons
rester les citoyens d'une République honnête,
sachant se respecter elle-même au-dedans et se
faire respecter au-dehors, administrant avec une
sage économie la fortune publique; nous voulons
enfin et surtout rester les citoyens d'une République démocratique, c'est-à-dire constamment sou-
cieuse d'améliorer d'une façon continue et progressive le sort des malheureux.

Voilà ce que vous voulez, mais voilà ce qui ne se
fait pas; on peut même dire que formuler ce
simple programme, c'est renouveler sous une
autre forme la critique des actes du cabinet actuel,
car il n'a réalisé aucun des souhaits que j'ai su
exprimer. Et voilà pourquoi nous venons, comme
je vous le disais tout à l'heure, adresser à votre

patriotisme, un suprème appel peur nous aider à faire la véritable « défense républicaine », contre ce Cabinet néfaste qui pèse sur la France et sur ses destinées comme un horrible cauchemar.

Il faut que la population civile de la vaillante Lorraine se comporte de façon à servir de modèle au reste de la France, comme sa « division de fer » sert de modèle au reste de l'Armée ; il faut qu'elle forme un bloc électoral de solide acier, qu'aucune tentative d'intimidation, qu'aucune manœuvre déloyale ne pourra ni forcer, ni entamer, ni user. Et nous aurons ainsi fait mieux que bien mériter de la Patrie. Car ne vous y trompez pas, c'est peut-être l'existence même de cette patrie qui est en jeu ; c'est tout au moins son démembrement, dont nous serions les premières victimes. Nous l'aurons donc ainsi sauvée d'un des plus grands dangers qu'elle ait jamais courus.

Aussi, je termine en vous adressant cette adjuration où je mets tout mon cœur, où je mets tout ce qui me reste d'une ardeur que je ne veux pas laisser éteindre tant qu'elle pourra rendre encore quelques services à mon pays.

Je vous dis : Lorrains, mes chers concitoyens, haut les courages pour la prochaine bataille électorale ! (Une voix : nous allons les rouler). Haut les cœurs pour l'honneur de la République et pour le salut de la France !

Au cours de cette émouvante et patriotique allocution, ont éclaté à maintes reprises de longs applaudissements.

La parole franche et communicative du général Mercier, l'émotion dont on sentait vibrer son âme, ont éveillé dans toute l'assistance un sentiment semblable ; et les acclamations enthousiastes qui ont retenti à la fin de son discours, s'adressaient certainement un peu à l'orateur, mais surtout elles rendaient hommage au vieux soldat qui a lutté et souffert pour l'armée et la Patrie !

M. Jules Lemaître donne ensuite la parole à M. Charles Bernard, député de la Gironde, qui, dans une pétillante et humoristique causerie dont la plume est impuissante à reproduire la saveur, a tenu pendant vingt minutes son auditoire sous le charme.

Discours de M. Charles BERNARD

« Mes collègues, a-t-il dit en commençant, viennent de casser du sucre sur le dos du gouvernement, je demande à en augmenter la dose ! »

Et en effet il prend à partie successivement tous les membres du gouvernement.

« Le gouvernement de défense républicaine, ou plutôt de dépense républicaine avait promis au peuple des allouettes toutes cuites. On a vu des radicaux, des opportunistes, successivement au pouvoir. Actuellement, ce n'est pas Waldeck-Rousseau qui dirige le ministère, c'est Millerand qui est le chef, qui dirige la grève générale et mobilise deux corps d'armée pour la combattre !

« Si on n'a rien obtenu, c'est que tous ces gens n'avaient pas l'âme républicaine, mais seulement les tripes républicaines.

« Il ne faut pas s'étonner qu'on soit las de cette République juive et franc-maçonne, où tous agiotent, camelotent et vendent des marchandises frelatées. »

Après une attaque contre la ploutocratie et l'esprit juifs, accueillie par les cris de « à bas les juifs ! » M. Charles Bernard adjure les électeurs d'envoyer avant tout à la Chambre des Députés qui voudront la France aux Français, quelle que soit leur opinion, et en terminant il exprime ses remerciements pour l'accueil qui vient de lui être fait à Nancy.

De nombreux vivats acclament l'orateur si humoriste et les cris de « à bas les juifs » retentissent nombreux.

M. Jules Lemaître donne la parole à M. Gustave Mercier, président du Comité lorrain qui, en quelques phrases courtes et émues, remercie, au nom des populations lorraines, les orateurs éminents qui viennent de se faire entendre.

La séance est ensuite levée.

Pendant la sortie, on entoure de toutes parts MM. Jules Lemaître, Cavaignac, le général Mercier et Charles Bernard, une seconde ovation est faite à ces Messieurs, qui ont peine à répondre à toutes les chaudes marques de sympathie et de déférence qui leur sont prodiguées.

A la sortie de la salle Victor Poirel, le bureau de la Ligue de la Patrie française et les notabilités qui figuraient sur l'estrade encadrent les orateurs : les cris de « Vive Lemaître ! Vive Mercier ! Vive Cavaignac ! » se font entendre ; le cortège se dirige vers la place Stanislas, accompagné d'une foule nombreuse de manifestants sympathiques. Devant le Grand-Hôtel, une nouvelle explosion d'acclamations se produit, et au bout de quelques minutes, la foule se disperse dans le plus grand calme.

Le soir, a eu lieu au Grand-Hôtel un banquet de quatre-vingts couverts.

M. Gustave Mercier, conseiller général et président du Comité lorrain de la Patrie française, présidait ce banquet, ayant à sa droite M. Jules Lemaitre et à sa gauche M. Cavaignac.

De nombreux toasts ont été portés, s'inspirant tous, dans une forme plus familière, des idées exprimées dans la belle conférence de l'après-midi ; et les convives se sont séparés à minuit, en emportant la conviction qu'en ce jour il avait été fait de bonne et utile besogne pour les intérêts de notre cher pays !

Nancy. — Imp. CRÉPIN-LEBLOND, 31, rue Saint-Dizier. — (Imprimé en France.)